Die schönsten Freundschafts-geschichten

Herausgegeben von
Anne Steinwart

W0055756

Mit Bildern von
Nicole Bonzelius-Lorenz

Hase und Igel®

Für Lehrkräfte gibt es zu diesem Buch ein ausführliches
Begleitmaterial mit Klassenposter beim Hase und Igel Verlag.

Quellenverzeichnis

Janosch, Post für den Tiger
gekürzt aus: Post für den Tiger,
Beltz Verlag, Weinheim und Basel 1980

Gina Ruck-Pauquèt, Bulbul ist eine Katze
aus: Leselöwen Katzengeschichten,
Loewe Verlag, Bindlach 1976

Hans Stempel, Die anderen Freunde
aus: Auch Kinder haben Geheimnisse (Titel der Geschichte geändert),
Ellermann Verlag, München 1973

Toon Tellegen, Vermisst du mich?
aus: Richtig dicke Freunde (Titel der Geschichte geändert),
Carl Hanser Verlag, München 1999

Hans Wilhelm, Elfie, der beste Hund der Welt
gekürzt aus: Ich hab dich so lieb! (Titel der Geschichte geändert),
Carlsen Verlag, Hamburg 1987

Anne Steinwart, Ein Mädchen wie Kalle
Rechte bei der Autorin

Michael Ende, Wie Jim Knopf beschloss, Lukas zu begleiten
gekürzt aus: Jim Knopf und Lukas der Lokomotivführer
(Titel der Geschichte geändert),
K. Thienemanns Verlag, Stuttgart 1990

© 2002 Hase und Igel Verlag GmbH, München
www.hase-und-igel.de
Lektorat: Patrik Eis
Druck: Grafisches Centrum Cuno GmbH & Co. KG

ISBN 978-3-86760-019-4
2. Auflage 2016

Inhalt

 ost für den Tiger

Als der kleine Bär
wieder zum Fluss angeln ging,
sagte der kleine Tiger:
„Immer wenn du weg bist,
bin ich so einsam.
Schreib mir doch mal
einen Brief aus der Ferne,
damit ich mich freue, ja!"

„Ist gut", sagte der kleine Bär
und nahm gleich
blaue Tinte in einer Flasche mit
und eine Kanarienvogelfeder.
Denn damit
kann man gut schreiben.
Und Briefpapier
und einen Umschlag
zum Verkleben.

Unten am Fluss
hängte er zuerst
einen Wurm an den Haken
und dann die Angel
in das Wasser.
Dann nahm er die Feder
und schrieb mit der Tinte
auf das Papier einen Brief:

Lieber Tiger!

Teile Dir mit,
dass es mir gut geht.
Wie geht es Dir?
Schäle inzwischen die Zwiebeln
und koch Kartoffeln.
Denn es gibt vielleicht Fisch.
Es küsst Dich
Dein Freund Bär.

Dann steckte er den Brief
in den Umschlag
und verklebte ihn.
Er fing noch zwei Fische:
einen zur Speisung und einen,
damit er ihm das Leben
schenken konnte.
Damit er sich darüber freut:
denn Freude ist für jeden schön.

Abends nahm er den Fisch
und den Eimer,
die Tinte und die Feder
und auch gleich den Brief mit
und ging nach Haus.

Er rief schon aus der Ferne
vom kleinen Berg herunter:
„Post-für-den-Tiger!
Post-für-den-Tiger!"

Janosch

Bulbul ist eine Katze

„Haben Sie
eine Katze gesehen?",
fragte Jobs
die Leute auf der Dorfstraße.
Die Leute
hatten viele Katzen gesehen.
Aber Bulbul war nicht dabei.

Bulbul war ein schwarzer Kater
mit grünen Augen.
Bulbul und Jobs
waren Freunde.
Immer waren sie
zusammen gewesen.
Und nun war Bulbul
auf einmal fort.

Bulbul saß
hoch oben im Kirschbaum.
Das dichte Laub verdeckte ihn.
Bulbul döste vor sich hin.
Ab und zu summte eine Biene
an ihm vorbei,
oder ein Blatt raschelte.
Dann öffnete er die Augen
ein wenig,
um sie gleich wieder
zu schließen.

Bulbul saß auf einem Ast,
den der Wind
ganz sacht schaukelte.
Alles war vollkommen
in Ordnung.
Nichts sollte anders sein.

„Bulbul!", rief Jobs.
„So komm doch, Bulbul!"

Der Kater gähnte.
Das war Jobs.
Jobs rief nach ihm.
Jobs war sein Freund.
Sie konnten
wunderbar miteinander spielen.

Aber Bulbul fing an,
erwachsen zu werden.
Es gab nun auch anderes
neben Jobs.
Bulbul war
auf diesen Baum gestiegen.
Und hier wollte er jetzt sein.

Jobs mochte nicht
zu Abend essen,
obwohl es Kartoffelpuffer gab.
„Er wird schon wiederkommen",
sagten die Eltern.
„Trink deinen Saft."

Dann schickten sie ihn ins Bett.

Jobs lag im Bett und weinte.
Bis er entschlossen aufstand
und zum Fenster hinausstieg.
Er lief auf nackten Füßen
durch das nasse Gras.
„Bulbul!", flüsterte er
in die Nacht.
Aber es waren nur Fledermäuse
und Käuzchen unterwegs.

Als Jobs dreimal geniest hatte,
stieg er wieder
zum Fenster hinein.

Auf seinem Bett lag Bulbul!

„Du!", sagte Jobs
und er nahm Bulbul
ganz fest in beide Arme.
Der Kater schnurrte.
Alles war vollkommen
in Ordnung.
Hier wollte Bulbul jetzt sein.

Gina Ruck-Pauquèt

Die anderen Freunde

Es war einmal ein Kind.
Das war lange krank.
Und da seine Krankheit
ansteckend war,
durfte niemand es besuchen.

Natürlich war das Kind
sehr traurig.
Und natürlich
langweilte es sich.

Doch als es sich eine Weile
in seinem Zimmer
umgesehen hatte,
verschwand seine Traurigkeit.
Und es langweilte sich
auch nicht mehr.

Schließlich wurde es
wieder gesund.
Und die Kinder
aus der Nachbarschaft
durften es wieder besuchen.
Und sie brachten Geschenke
und fragten:
„War es nicht schrecklich
so allein?"

„Aber ich war doch
gar nicht allein",
sagte das Kind.
„Tom Sawyer war bei mir.
Und Huckleberry Finn
und Timm Thaler.
Und Pippi Langstrumpf
und Pinocchio
und Pünktchen und Anton.
Und all die anderen
alten Freunde!"

Und die Kinder
aus der Nachbarschaft,
die kaum ein Buch kannten,
sperrten verwundert
Mund und Nase auf.

Und sie fragten eifersüchtig:
„Aber wo
sind sie denn geblieben,
deine guten alten Freunde?"

„Da", sagte das Kind
und lachte
und zeigte auf das Bücherbrett
an der Wand.

Hans Stempel

ermisst du mich?

Eines Morgens
klopfte die Ameise
schon früh an Eichhorns Tür.
„Wie schön!
Machen wir es uns gemütlich",
sagte Eichhorn.

„Deshalb komme ich nicht",
sagte die Ameise.

„Aber du hast doch
bestimmt Lust
auf ein bisschen Sirup?",
fragte Eichhorn.

„Na ja … ein kleines bisschen",
sagte die Ameise.
Mit dem Mund voll Sirup
erzählte sie,
weshalb sie gekommen war.
„Wir dürfen uns eine Weile
nicht sehen", sagte sie.

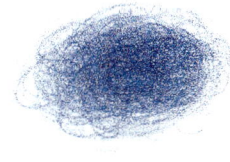

„Warum nicht?",
fragte Eichhorn erstaunt.
Er fand es besonders gemütlich,
wenn die Ameise
einfach so vorbeikam.
Er hatte den Mund
voll süßem Brei
und schaute die Ameise
mit großen Augen an.

„Damit wir merken,
ob wir uns vermissen werden",
sagte die Ameise.

„Vermissen?", fragte Eichhorn.

„Vermissen", sagte die Ameise.
„Du weißt doch wohl,
was das ist?"

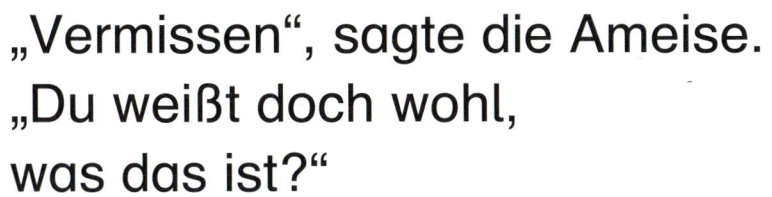

„Nein", sagte Eichhorn.

„Vermissen ist das,
was du fühlst,
wenn etwas nicht da ist",
sagte die Ameise.

„Was fühlt man dann?",
fragte Eichhorn.

„Ja, darum geht es ja gerade",
sagte die Ameise.

„Dann werden wir uns
also vermissen",
sagte Eichhorn traurig.

„Nicht unbedingt",
sagte die Ameise.
„Wir können uns auch
vergessen."

„Vergessen! Dich?",
rief Eichhorn.

„Na ja", sagte die Ameise.
„Schrei doch nicht so laut!"

Eichhorn legte den Kopf
in die Hände.
„Ich werde dich nie vergessen",
sagte er leise.

„Na ja", sagte die Ameise.
„Das müssen wir
noch abwarten. Tschau!"
Und ganz plötzlich
stapfte sie durch die Tür
und ließ sich am Buchenstamm
nach unten gleiten.

Eichhorn begann,
sie schrecklich zu vermissen.
„Ameise", rief er ihr nach.
„Ich vermisse dich!"
Seine Stimme hallte
zwischen den Bäumen wider.

„Das ist unmöglich!",
sagte die Ameise.
„Ich bin doch
noch nicht mal weg!"

„Aber es ist so!", rief Eichhorn.

Die Stimme der Ameise
kam aus der Ferne:
„Warte noch ein bisschen."

Eichhorn seufzte
und beschloss zu warten.
Aber er vermisste die Ameise
immer heftiger.
Manchmal dachte er kurz
an Bucheckernmus.
Oder an die Geburtstagsfeier
des Käfers an diesem Abend.
Aber dann fing er
gleich wieder an,
die Ameise zu vermissen.

Mittags hielt Eichhorn
es nicht mehr aus
und verließ das Haus.

Doch er hatte
noch keine drei Schritte getan,
da traf er die Ameise.
Sie war müde und verschwitzt,
aber zufrieden.

„Es stimmt", sagte sie.
„Ich vermisse dich auch.
Und ich habe dich
nicht vergessen."

„Siehst du", sagte Eichhorn.

„Ja", sagte die Ameise.

Sie legten sich gegenseitig
den Arm um die Schultern
und liefen zum Fluss.
Um das Glitzern der Wellen
zu betrachten.

Toon Tellegen

lfie, der beste Hund der Welt

Elfie und ich kamen
fast gleichzeitig auf die Welt.
Aber Elfie
wuchs viel schneller.

Oft legte ich den Kopf
auf ihr warmes, weiches Fell.
Dann schliefen wir ein
und träumten.

Mein großer Bruder
und meine Schwester
hatten Elfie auch gern.
Aber sie gehörte mir.
Wir waren unzertrennlich.

Schnell vergingen die Jahre.
Ich wurde immer größer
und Elfie wurde immer dicker.

Bald schlief sie
fast den ganzen Tag.
Zum Spazierengehen
hatte sie keine Lust mehr.
Das machte mir Sorgen!

Schließlich brachten wir Elfie
zum Tierarzt.
Aber der konnte nicht viel
für sie tun.
„Elfie wird einfach alt",
war alles, was er sagte.

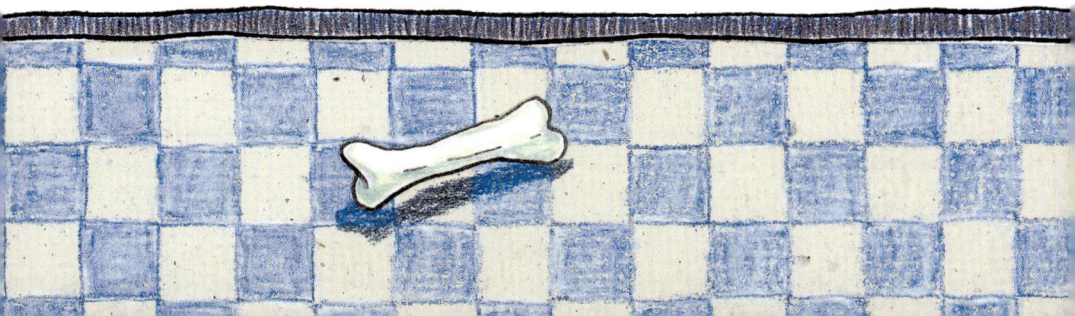

Dann konnte Elfie auch
keine Treppen mehr steigen.
Aber natürlich schlief sie
weiterhin in meinem Zimmer.

Ich bettete Elfie auf
ein besonders weiches Kissen.
Und ehe wir einschliefen,
sagte ich ihr jeden Abend,
wie gern ich sie hatte.
Ich wusste,
dass sie mich verstand.

Als ich eines Morgens aufstand,
war Elfie
in der Nacht gestorben.

Gemeinsam begruben wir Elfie.
Wir weinten sehr
und versuchten
uns gegenseitig zu trösten.

Ich war genauso traurig
wie die anderen.
Aber dann dachte ich daran,
dass ich Elfie
jeden Abend gesagt hatte,
wie sehr ich sie liebte.
Da ging es mir
ein wenig besser.

Der Junge von nebenan
bot mir einen
von seinen jungen Hunden an.

Elfie hätte sicher
nichts dagegen.
Aber ich sagte: „Nein danke."
Ich gab dem Jungen
Elfies Korb.
Er hatte dafür im Moment
mehr Verwendung als ich.

Bestimmt werde ich
eines Tages
wieder ein Tier haben.
Vielleicht einen Hund,
vielleicht auch eine Katze,
einen Goldfisch
oder einen Papagei.

Doch was es auch immer
sein wird,
eines weiß ich bestimmt.
Ich werde ihm jeden Tag sagen:
Ich hab dich so lieb!

Hans Wilhelm

in Mädchen wie Kalle

Jochen fährt mit dem Fahrrad
zum Sportplatz.
Schon von Weitem sieht er,
dass Tönne und Martin
aus seiner Klasse
Elfmeterschießen üben.
Den Torwart kennt er nicht.

Jochen stellt sein Rad ab
und fragt,
ob er mitmachen kann.

„Klar", sagt Martin
und schießt ihm den Ball zu.
Jochen nimmt Anlauf
und zielt aufs Tor.
Ein guter Schuss!

Der Torwart wirft sich
dem Ball entgegen, fängt ihn
und fällt mit ihm in den Dreck.

Jochen geht zu ihm.
Er will sofort wissen,
wer dieser Supertorwart ist.
Der setzt sich auf den Ball
und mustert ihn neugierig.

Jochen kriegt Stielaugen.
Der Torwart ist ganz klar
ein Mädchen!

Das Mädchen grinst ihn an.
„Ich bin Kalle."

„Meine Cousine aus Hannover",
sagt Tönne.

Jochen schnappt sich den Ball,
läuft ein paar Meter
und schießt wieder aufs Tor.
Mit aller Kraft.
Kalle springt sofort hoch
und fängt den Ball aus der Luft.

„Sie spielt
in der Schulmannschaft",
sagt Tönne.
Dabei sieht er so stolz aus,
als ob er ihr Trainer wäre.

„Ein Mädchen
in einer Jungenmannschaft?",
fragt Jochen ungläubig.

„Nö", sagt Kalle.
„In einer
Mädchenmannschaft.
Tönne konnte sich das
auch nicht vorstellen.
Ihr lebt hier hinter dem Mond.
In Hannover gibt es
jede Menge Mädchen,
die Fußball spielen."

Jochen wird stocksauer.
Er lebt nicht
hinter dem Mond!
„Heulsusen gegen Kicherliesen",
sagt er.
„Haha!
Eure Spiele
müssen zum Totlachen sein!"

„Du hast einen Knall",
sagt Kalle
und wirft Tönne den Ball zu.

Jochen findet sich
plötzlich so blöd,
dass er am liebsten
in den Rasen beißen möchte.
Er setzt sich neben das Tor
und guckt zu,
wie die anderen spielen.

Ein Mädchen wie Kalle
hat er noch nie gesehen.
Sie hat Ahnung von Fußball
und hübsch ist sie auch noch.

„So eine Cousine
hätte ich auch gerne",
denkt Jochen.
Er ist richtig neidisch auf Tönne.

Jetzt schießt ihm Kalle
den Ball zu.
„Los, mach wieder mit.
Sei doch kein Spielverderber."

Jochen springt auf
und knallt den Ball ins Tor,
dass es nur so rappelt.

„Tofte", sagt Kalle.
„Der Schuss war unhaltbar."

Jochen weiß nicht genau,
was tofte bedeutet.
Auf jeden Fall so etwas
wie klasse oder super.

Kalle lacht ihn an.
Die Heulsusen und Kicherliesen
hat sie zum Glück vergessen.

Sie spielen stundenlang.
Bis Tönne und Kalle
nach Hause müssen.
Kalle fährt heute noch
nach Hannover zurück.

„Mach's gut, Jochen", sagt sie.

„Kommst du mal wieder?",
fragt er.

Tönne sagt vorlaut:
„Ja, in den Sommerferien.
Ich zelte dann mit ihr
bei Opas Fischteichen."
Er sagt das wie eine Drohung.
  Es ist klar,
    dass er seine Cousine
      für sich allein haben will.

Aber Kalle sagt
zu Jochen und Martin:
„Ihr könnt ja auch mitkommen.
Zelten zu zweit
ist bestimmt langweilig."
Da macht Tönne
ein ziemlich dummes Gesicht.

Jochen freut sich.
Vor den Sommerferien
hat er noch Geburtstag.
Seit eben weiß er,
was er sich wünscht.
Ein Zelt natürlich!

Anne Steinwart

Wie Jim Knopf beschloss, Lukas zu begleiten

Ein leichter Wind wehte
vom Meer herüber.
Es wurde ein wenig kühl.

„Emma", sagte Lukas leise
zu seiner Lokomotive,
„ich kann mich nicht
von dir trennen.

Nein, wir beide
bleiben zusammen.
Wo es auch immer sein mag,
auf der Erde oder im Himmel.
Falls wir da
überhaupt hinkommen."

Emma begriff zwar
nichts von dem,
was Lukas sagte.
Aber sie hatte ihn sehr lieb.

Sie konnte es
einfach nicht aushalten,
ihn so traurig zu sehen.
Sie fing herzzerbrechend
zu heulen an.

Lukas gelang es nur mühsam,
sie zu beruhigen.
„Es ist wegen Jim Knopf",
sagte er.
„Er wird bald
ein ganzer Untertan sein.
Und dann ist hier
für einen von uns
kein Platz mehr.

Und weil ein Untertan
für ein Land wichtiger ist
als eine dicke, alte Lokomotive,
hat der König entschieden,
dass du wegmusst.
Aber wenn du wegmusst,
dann gehe ich mit.
Das ist doch klar.
Was soll ich denn
ohne dich anfangen?"

Emma holte tief Luft,
als plötzlich eine Stimme fragte:
„Was is' los?"

Es war Jim Knopf,
der auf Lukas gewartet hatte
und dabei schließlich
eingeschlafen war.
Als Lukas angefangen hatte
mit Emma zu reden,
war er aufgewacht.
Und hatte, ohne es zu wollen,
alles mit angehört.

„Hallo, Jim!",
rief Lukas überrascht.

„Das war eigentlich
nicht für dich bestimmt.
Aber meinetwegen,
warum sollst du's nicht wissen?
Ja, Emma und ich,
wir beide gehen weg.
Für immer.
Es muss wohl sein."

„Wegen mir?",
fragte Jim erschrocken.

„Lummerland ist einfach
zu klein für uns alle",
sagte Lukas.

„Und wann wollt ihr fort?",
stammelte Jim.

„Ich denke,
wir fahren
gleich heute Nacht",
antwortete Lukas ernst.

Jim überlegte eine Weile.
Dann sagte er entschlossen:
„Ich fahr mit."

Aber Lukas schüttelte ernst
den Kopf.
„Nein, mein Junge,
ich kann dich nicht mitnehmen.
Es ist sehr nett von dir
und ich würde es
auch gerne tun.
Aber es geht nicht.
Du bist schließlich
noch ein ziemlich kleiner Junge
und du würdest uns nur …"

Er hielt inne,
weil Jim ihm plötzlich
sein Gesicht zuwandte.
Und dieses Gesicht
war sehr entschlossen
und sehr unglücklich.

„Lukas", sagte Jim leise.
„Warum redest du
solche Sachen?
Du würdest schon sehen,
wie gut ihr mich
gebrauchen könntet."

„Na ja", antwortete Lukas
ein wenig verlegen,
„natürlich, du bist ja
ein brauchbarer kleiner Bursche.

Und in manchen Lagen
ist es sogar von Vorteil,
wenn man klein ist.
Das ist schon richtig …"

Er zündete seine Pfeife an
und paffte eine Weile
schweigend vor sich hin.
Er war schon nahe daran
zuzustimmen.
Aber er wollte
den Jungen prüfen.
Darum begann er wieder:
„Denk doch mal nach, Jim!
Emma soll ja gerade weg,
damit du in Zukunft
genügend Platz hast.
Wenn du jetzt gehst,
dann könnte Emma
ja ruhig bleiben.
Und ich auch."

„Nein", sagte Jim
mit trotzigem Gesicht,
„ich werd doch
meinen besten Freund
nicht verlassen.
Entweder
wir bleiben alle drei hier,
oder wir gehen alle drei weg.
Hierbleiben können wir nicht.
Dann gehen wir eben –
alle drei."

„Jim Knopf", sagte Lukas
und es klang beinahe feierlich,
„du bist wirklich
der feinste kleine Kerl,
den ich in meinem Leben
gesehen habe."

Michael Ende